LIGUE DU PEUPLE

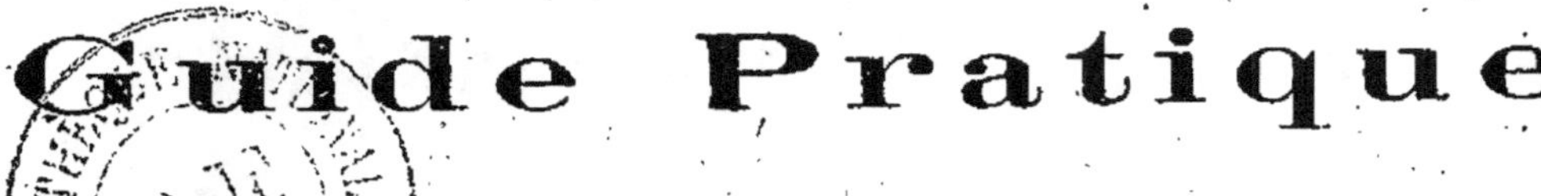

Guide Pratique

DES

SECTIONS COMMUNALES

PAR

Un Républicain de l'Ain

PRIX FRANCO, 0,30

Fortes remises pour la Propagande

DÉPOT

...eaux du « Républicain de l'Ain »

25, RUE DU GOUVERNEMENT, 25

BOURG

LIGUE DU PEUPLE

Guide Pratique

DES

SECTIONS COMMUNALES

PAR

Un Républicain de l'Ain

PRIX FRANCO, 0,30

Fortes remises pour la Propagande

DÉPOT

Bureaux du « Républicain de l'Ain »

25, RUE DU GOUVERNEMENT, 25

BOURG

INTRODUCTION

Comment la victoire couronne-t-elle l'action politique et sociale?

Comment les « Trades Unions », en Angleterre, ont-elles réussi à imposer une partie des réformes demandées?

Comment les sociétés ouvrières, en Allemagne, sont-elles devenues redoutables pour l'Empire?

Comment les Comités de Salut public, en 93, ont-ils sauvé la première République française?

Par la toute-puissance de l'*association*.

Les républicains sincères, les patriotes dévoués, ceux qui veulent la *liberté pour tous* et la *République* aux *républicains*, doivent s'inspirer de ces grands exemples et sceller entre eux une étroite union pour travailler ensemble à la défense de la *République des républicains* et au relèvement du pays.

Mais nos lois apportent mille entraves à l'action individuelle et plus encore à l'action collective. Ce qu'ont fait les Anglais, ce qu'a pu faire l'Allemagne ouvrière, sous le joug d'une main de fer, dans notre République *libre*, nous sommes impuissants à le réaliser.

Eh bien ! ne cessons pas de protester hautement contre ce régime d'oppression, qui est indigne d'un peuple fier et vraiment maître de ses destinées.

Mais, en attendant que nous ayons fait entrer dans notre législation la liberté absolue du bien et la reconnaissance entière du droit d'association, qui est la loi première de l'humanité, sachons user largement des droits qui nous restent.

Nous devons créer une véritable ligue d'union républicaine ; nous pouvons constituer une hiérarchie d'autorités démocratiques pour encadrer et réunir en un seul faisceau toutes les forces vives du pays, par l'organisation d'un nombre *illimité* de *sections communales*, de petits groupes d'études politiques et sociales, reliées entre elles par la *Ligue du Peuple*, organe des revendications républicaines.

De cette manière, nous aurons une *armée* républicaine, ayant pour devise : *Un pour tous, tous pour un*, divisée en une multitude de *Compagnies*, qui seront redoutables à l'heure du combat électoral.

Comment recruter ces sections communales ?

Comment les exercer à leur rôle de réform
et de régénération sociales ?

Cette étude sera l'objet des quelques pag
qu'on va lire, où l'auteur n'a poursuivi d'aut
but que de réunir quelques aperçus essentie
lement pratiques, heureux s'il voit quelqu
dévouements se lever à son appel pour mett
aux mains du peuple les *seules armes* q
puissent le sauver des tyrannies présentes
futures.

CHAPITRE PREMIER

CE QUE C'EST QU'UNE SECTION COMMUNALE

Nous donnons le nom de section communale à un groupe d'électeurs indépendants d'une même commune, unis pour la défense de leurs intérêts et de leurs libertés.

Cette union féconde est pour les électeurs le véritable moyen d'exercer leurs droits et de remplir leurs devoirs de citoyens libres.

Par ce temps de suffrage universel et de suprématie populaire, il est nécessaire que la démocratie s'éclaire et fasse avec soin son éducation, afin d'être à la hauteur de la grande mission qui lui incombe.

L'exercice de cette souveraineté est entravé à l'heure qu'il est par plus d'un obstacle.

Nous souffrons depuis fort longtemps d'un excès de centralisation administrative qui paralyse dans notre pays tout l'organisme social.

La démocratie n'est aujourd'hui que le prête-nom du pouvoir qui nous régit, comme la République n'est qu'une étiquette sous laquelle se perpétuent les traditions du césarisme d'Etat.

Le peuple a sans doute la faculté apparente d'élire ses représentants ; mais, en fait, que voit-on tous les jours ? Des populations entières traînées au scrutin par les quelques meneurs qui, dans chaque région, dirigent l'opinion et sont eux-mêmes les instruments dociles, souvent inconcients, du pouvoir qui détient les faveurs et les emplois.

C'est ainsi qu'une bande de charlatans politiques,

soumise à la juiverie cosmopolite, est parvenue à fausser la représentation nationale, en exploitant à son profit les principes démocratiques, de même que la secte cléricale et romaine enserre la France dans les mailles d'un vaste réseau et fait la loi dans les conseils de la Nation, comme au fond de nos plus humbles villages.

Où trouver un remède à cet état de choses ? Comment opérer l'émancipation du suffrage universel, si ce n'est par une organisation bien comprise de la démocratie ?

Que, dans chaque commune, les électeurs soucieux de leur indépendance s'unissent et se concertent pour assurer, en dehors de toute influence extérieure, le libre exercice de leurs droits de citoyens.

Qu'ils désignent quelques-uns d'entre eux, les plus honnêtes et les plus éclairés, pour constituer un véritable *conseil*, où seront étudiées, avec une impartialité rigoureuse, les questions d'ordre politique et social qui intéressent tous les membres de la grande famille républicaine.

Ces délégués feront part de leurs délibérations à ceux de leurs concitoyens qui les auront honorés de leurs suffrages. Ils leur désigneront, notamment, en temps électoral, les candidats de leur choix. Ils prendront, en un mot, la direction de l'opinion, et les agents des sociétés cléricales trouveront devant eux, non pas des initiatives isolées ni des complots ténébreux, mais le pays tout entier, debout pour affirmer sa volonté souveraine au grand jour de la liberté.

Qu'on ne se méprenne point d'ailleurs sur le caractère et sur le rôle de nos *Sections communales*.

Ce ne sont pas à proprement parler des comités

politiques; ce sont moins encore des comités *élec-toraux.*

Bien plus vaste est le champ qui s'ouvre devant eux.

Comités politiques en temps d'élections, comités de défense sociale quand il leur faudra lutter contre la propagande conservatrice et cléricale, comités antireligieux quand ils auront à défendre contre les attentats sectaires cette liberté de conscience qui est au premier rang de nos libertés sociales, comités industriels ou agricoles quand ils réclameront des réformes utiles et transmettront aux pouvoirs publics les vœux des populations, ils ne resteront étrangers à rien de ce qui touchera leurs intérêts matériels ou moraux.

Au surplus, le rôle des Sections variera à l'infini, selon les lieux et les circonstances et aussi selon les intentions de leurs Membres, car le caractère principal de ces *Sections communales* sera d'être ce que leur nom indique.

D'autre part, les délégués qui composeront la Section communale ne dépasseront pas en fait le nombre de vingt membres autorisés par la loi.

Mais ces précautions sont-elles nécessaires ? Qui donc oserait fermer ces écoles de liberté ouvertes à tous les citoyens ? Nous ne voulons pas admettre que notre pays puisse tomber aux mains d'un gouvernement assez despotique assez peu respectueux des droits du peuple, pour pratiquer aussi ouvertement l'étranglement du suffrage universel.

———

CHAPITRE II

COMMENT ON FORME UNE SECTION COMMUNALE

Tout homme d'initiative peut, dans sa commune, organiser un section.

Mais, dans la pratique, ce sera généralement l'œuvre des conférenciers populaires.

Qui ne sait que, du sein même du peuple, surgit en ce moment toute une légion d'apôtres qui se disposent à porter la bonne parole, ceux-ci dans nos centres ouvriers, ceux-là dans nos populations rurales ?

S'adressant dans chaque commune aux électeurs les plus indépendants, notamment à ceux qui auront été préparés et formés déjà par la lecture habituelle des bons journaux (1), ils leur diront de s'entendre et de s'unir, car l'union c'est la force, pour la défense de leurs intérêts et de leurs libertés.

Leurs intérêts, mais c'est leur vie de chaque

---

(1) Il ne s'agit pas ici de conférences *publiques*, mais de réunions *privées*, pour lesquelles il n'est pas besoin de déclaration à la mairie.

Si la conférence doit être faite à moins de vingt personnes, on n'est assujetti à aucune formalité.

Si la réunion est de plus de vingt personnes, chacun des assistants reçoit un billet d'invitation, et personne ne peut entrer sans en être muni. Le billet même d'invitation doit contenir *nécessairement* deux choses : le nom en toutes lettres de l'invité et la signature en toutes lettres également de l'invitant. Ce dernier ne peut être que le propriétaire de l'immeuble où se tient la réunion, *ou le locataire*, les salles de conférences étant le plus souvent louées à cet effet et pour la circonstance par l'organisateur de la réunion.

Il n'y a aucune formalité à remplir pour la tenue de ces réunions privées, sinon celle de la lettre d'invitation, qui sera exigée à l'entrée, et on refuserait toute personne, quelle qu'elle soit, même l'a-

r.... c'est leur patrie, c'est leur famille.. .. c'est
ssi le vin de leur cellier, le troupeau de leur
ble, c'est le pain qu'ils gagnent à la sueur de
r front.

Leurs libertés, c'est un bien plus précieux encore.
st le patrimoine de l'homme libre, patrimoine
angible, que nous tenons de nous-mêmes. C'est
droit sacré du citoyen, c'est la condition même
la société ; c'est le respect de la conscience hu ·
ine et des principes de morale qui en sont insé-
ables. C'est la paix et la joie au foyer domesti-
e. La liberté?.... Mais, faut-il que nous la récla-
ons encore en cette fin de siècle où l'humanité
ière paraît lancée à toute vapeur dans la voie du
grès ?

Eh oui ! dans notre France même, qui porte si fiè-
ment le flambeau de la civilisation, nous avons
core à formuler des plaintes, à poser des reven-
ations.

Nous voulons, nous l'avons dit, la liberté du vote.
us la voulons intégrale et respectée comme une
ose juste.

Nous voulons la liberté d'association, qui existe
n pour les sociétés secrètes, mais non pour les

t de police qui se présenterait sans cette lettre d'invitation. Le
bre des invités n'est évidemment pas limité.

oici un modèle d'invitation :

M. X... est invité à assister à une réunion qui aura lieu (local,
r et heure) M. Z... y prendra la parole sur (sujet de la confé-
ce).

Signature de l'invitant.

es termes de l'invitation peuvent varier au gré de chacun,
rvu qu'il y reste toujours le nom de l'invité et de l'invitant.

associations populaires vouées au service de l
démocratie.

Nous nous bornons à indiquer ici quelques-une
des idées que pourra développer un conférencier.

Il mettra également en relief les grands avanta
ges matériels que le pays tirera des sections com
munales réunies sous le nom général de Comit
central des revendications républicaines ; il don
nera un aperçu des différentes œuvres économique
qui seront dues à leur initiative.

Puis il terminera cette conférence, ou plutôt cett
causerie familière, en faisant procéder au vote de
délégués qui pourront être au nombre de huit o
dix pour les communes de moyenne importance

Ces délégués prendront immédiatement rendez
vous pour la réunion *constitutive* de la Section
réunion qui aura lieu autant que possible le soi
même ou le lendemain.

Elle aura pour but la nomination du président
du vice-président, du secrétaire, du trésorier, e
l'élaboration des statuts.

Nous donnons ci-après le texte des statuts :

Des adjonctions pourront être faites par les Sec
tions communales, sans pourtant toucher à l'orga
nisation de la Ligue du Peuple.

Elles auront notamment à se prononcer sur les da
tes et les lieux de leurs réunions, sur la compositio
du bureau, sur la manière de se procurer des res
sources et sur leur emploi. Elles décideront si le
membres actifs de la Section seront astreints à un
cotisation annuelle et elles en fixeront le montant

ARTICLE PREMIER. — Il est formé, dans la commune de X..., une section de la Ligue du Peuple. dications républicaines.

ART. 2. — Cette Section est conforme à la loi et ne pourra dépasser le nombre de vingt Membres *actifs*, mais pourra recevoir un nombre illimité de Membres *adhérents* n'assistant pas aux délibérations de la Section. Dans chaque commune, il pourra y avoir plusieurs sections ayant chacune un bureau, mais désignées par un numéro d'ordre.

ART. 3. — Les membres *actifs* sont ceux qui forment l'effectif militant de la Section ; ils sont astreints à l'observation rigoureuse de la règle et des décisions de la Section.

Les Membres adhérents (hommes, femmes, enfants), en nombre illimité, sont ceux qui, ne pouvant faire partie de la Section communale au titre actif, offrent leur concours moral d'abord et soutiennent les œuvres démocratiques par une souscription en rapport avec leur pouvoir et leur générosité.

ART. 4. — L'œuvre de la Ligue du Peuple étant d'abord une œuvre de propagande, nous aurons pour objet la diffusion et la défense des principes démocratiques, pour aboutir à la souveraineté *réelle*, tant au point de vue économique et *social* qu'au point de vue *politique*.

ART. 4 *bis*. — Chaque Section communale peut inviter d'autres Sections à travailler à une œuvre c.mmune, en dehors de toutes formations cantonales ou autres.

Nous défendrons nos droits d'hommes et de citoyens contre les attaques du jésuitisme. Nous combattrons de toute notre influence la tyrannie cléricale au nom du progrès et de la liberté.

Nous consacrerons tous nos efforts à l'amélioration du sort des classes laborieuses, par l'initiative de réformes démocratiques et des œuvres économiques et sociales.

Nous voulons l'union de tous les citoyens honnêtes et indépendants pour la défense des droits de l'homme et des droits du peuple. Nous servirons loyalement les institutions qui nous régissent. Nous ne sommes pas contre le gouvernement tant qu'il ne porte pas d'atteintes à nos libertés. Nous sommes, avant tout, républicains et nous voulons, sous une République vraiment libre, l'union et la pacification nationales.

Art. 5. — Ce programme, chaque Membre de la Section, répondant à la confiance de ses concitoyens qui l'ont élu, tiendra à honneur de s'en faire le propagateur par tous les moyens : par la parole, par l'exemple et en s'acquittant avec exactitude des diverses charges et missions qui lui auront été confiées.

Art. 6. — Si, par suite de cette propagande, il se trouve de nouveaux adhérents à ce programme, ils peuvent, en réunions privées, élire un ou plusieurs délégués qui seront présentés à la Section. La Section prononcera sur l'admission de ces nouveaux Membres, en tenant compte du nombre maximum de vingt Membres autorisé par la loi.

Art. 7. — La Section de   s'occupera tout particulièrement de la diffusion de la bonne presse. Elle organisera, quand ce sera possible, des *conférences populaires*.

En temps électoral, elle prendra toutes mesures et initiative convenables. Lors des élections municipales, elle se tiendra soigneusement à l'écart de toute querelle de partis ou division de hameaux; mais elle votera et fera voter pour des citoyens honnêtes, consciencieux et capables.

Pour les élections au Conseil d'arrondissement, au Conseil général ou à la députation, elle pourra prendre l'initiative d'une réunion où des représentants de toutes les communes du canton arrêteront le choix d'un candidat. Les Membres de la Section devront déployer ensuite la plus grande activité pour le triomphe de leur candidat.

La Section participera, quand il y aura lieu, à la fondation d'œuvres économiques et sociales dans la commune, telles que Sociétés de secours mutuels, de gymnastique ou de musique, Sociétés du sou des écoles laïques, cercles ouvriers, associations professionnelles, caisses de famille, caisse de retraite, coopératives, syndicats agricoles locaux, caisses rurales, banque populaire, etc.

Les Membres de la Section s'imposeront le devoir, non seulement de contribuer à la création de ces œuvres, mais encore d'entrer, comme membres actifs ou honoraires, dans les œuvres existantes et d'y faire entrer tous les hommes sûrs dont l'action peut utilement s'exercer. La Section, sans empiéter toutefois sur les attributions du Conseil municipal, s'occupera avec sollicitude de tout ce qui touche aux intérêts de la commune et de la région. Elle prendra l'initiative, quand elle le jugera à propos, de réunions et de pétitionnements destinés à soumettre aux pouvoirs publics les vœux et besoins des populations.

ART. 8. — Les Membres de la Section éviteront, autant que possible, les procès. Ils devront soumettre à une Commission arbitrale, nommée par la Société, les différends qui surviendraient entre eux, avant d'en saisir les tribunaux.

ART. 9. — Le Bureau de la Section se compose d'un Président, d'un Vice-Président, d'un Secrétaire et d'un Trésorier.

Ils sont élus au scrutin secret pour deux ans. Ils sont indéfiniment rééligibles.

Nul n'est proclamé élu s'il n'a réuni la majorité absolue des suffrages des Membres présents. Au second tour de scrutin, l'élection a lieu à la majorité relative : dans le cas où les candidats obtiennent un nombre égal de suffrages, le plus âgé est proclamé élu.

ART. 10. — Le Président surveille et assure l'application des statuts. Il représente la Section dans toutes les circonstances. Il donne les ordres pour les convocations de sa Section.

Le Vice-Président seconde le Président dans toutes ses fonctions et le remplace en cas d'empêchement.

Le secrétaire est chargé de la correspondance et des convocations. Il tient le registre des membres de la Section et présente les demandes d'admission.

Le trésorier fait les recettes et les paiements votés par la Section et les inscrit sur un livre de Caisse paraphé par le président. Il présente chaque année le compte rendu de la situation financière.

ART. 11. — Tous les votes, quelles que soient les questions proposées, auront lieu au scrutin secret, à moins que la majorité des membres présents n'en décide autrement.

ART. 12. — Chaque membre versera d'avance *une cotisation annuelle de trois francs*. Cette cotisation est payable en une seule fois : la première année, au moment de l'inscription sur la liste, et, les années suivantes, au 1er janvier.

Il ne pourra être réclamé à aucun membre une somme supérieure à celle qu'il aura personnellement souscrite. Ni les membres titulaires, ni les s'mples souscripteurs à la caisse de la Section ne pourront exiger, en aucun temps, ni à leur sortie ou radiation, aucun fonds ni aucune indemnité, à quelque titre que ce soit.

ART. 13. — Seront exclus définitivement de la Section, à la majorité des membres inscrits, ceux qui, par leur conduite, seront jugés indignes de continuer à faire partie de la Section ou qui auront fait une propagande ouvertement opposée soit au programme, soit aux décisions du Comité central ou de la Section communale.

ART. 14. — Chaque Section communale peut inviter d'autres Sections à travailler à une œuvre commune pour atteindre un but déterminé.

Les Sections communales peuvent se réunir en dehors de la formation cantonale ou autres, chaque fois que l'intérêt de la démocratie l'exige.

COMITÉ CANTONAL

ART. 15. — Le contingent de chaque section communale est appelé à former le Comité cantonal qui s'occupe de tout ce qui concerne le canton en général.

Les assemblées semestrielles ordinaires de ce Comité se tiennent deux fois par an, l'une au cours du premier trimestre pour l'établissement des comptes et délibérations cantonales, l'autre au cours du troisième pour permettre au conseiller général du canton de rendre compte de son mandat et prendre toutes les décisions utiles au succès de la Ligue des revendications républicaines, dont ce Comité est, pour ainsi dire, l'expression cantonale.

Ces réunions se font dans l'une des communes du canton, à tour de rôle. L'époque précise de chacune de ces assemblées est fixée par la circulaire de convocation des sections communales qui doit parvenir huit jours à l'avance aux Secrétaires de ces différentes Sections. Cette convocation est faite par le Secrétaire cantonal, autorisé par le Président du Comité cantonal élu en Assemblée générale pour deux ans et rééligible.

Indépendamment des assemblées semestrielles, des réunions extraordinaires peuvent avoir lieu à l'occasion d'une conférence, de la présentation d'un candidat électoral ou simplement sur la demande d'une Section communale. Le Président en fixe la date et les lieux.

Art. 16 — Le Président, le Secrétaire et le Trésorier du Comité cantonal sont élus en Assemblée générale pour deux ans. Les Présidents de chaque Section communale sont Vice-Présidents de droit et président à tour de rôle, par rang d'âge, en l'absence du Président.

Art. 17. — Les votes relatifs à la nomination du Président, du Secrétaire et du Trésorier cantonal ont lieu au scrutin secret. Les autres votes peuvent avoir lieu à mains levées, à moins que l'Assemblée cantonale n'en décide autrement. L'article 4 *bis* s'applique également au Comité cantonal, notamment lorsqu'il s'agira de convoquer le député de l'arrondissement, afin qu'il rende compte de son mandat au moins une fois l'an. En tous cas, le Président cantonal sera toujours choisi parmi les hommes sûrs, dévoués, ayant du sang-froid et de la discrétion.

COMITÉ CENTRAL

Art. 18. — Le Comité central est composé de toutes les Sections communales d'un même département.

Sont Membres du Comité central, les Présidents de chaque Section communale.

Le Comité central est régi par une *Commission*

exécutive composée des Présidents cantonaux d'un même département. Cette Commission est chargée de veiller à la bonne tenue des Sections communales et aux intérêts généraux de la démocratie dans le département. La Commission exécutive, par la fermeté de ses actes, doit assurer le triomphe des décisions prises par le Comité central ; elle se réunit chaque fois qu'elle est convoquée par le Président du Comité central.

Art. 19. — Le Comité central peut recevoir en nombre illimité des Membres adhérents (hommes, femmes, enfants) offrant leur concours moral d'abord et soutenant les œuvres démocratiques par une souscription en rapport avec leurs moyens.

Les Membres adhérents n'assistent aux délibérations du Comité central sous aucun prétexte.

Art. 20. — Le Comité central est régi par une *Commission exécutive*, comme il est dit art. 18 ; mais le Comité central place à sa tête un *Conseil d'administration* élu en assemblée générale pour un an et composé d'un président, de deux vice-présidents, d'un secrétaire général, d'un trésorier général et de deux assesseurs comptables, l'un pour le secrétariat, l'autre pour la caisse. Le Conseil d'administration assiste à toutes les séances du Comité central, ainsi qu'aux délibérations de la Commission exécutive dont il fait partie de droit.

Les assemblées semestrielles ordinaires du Comité central se tiennent deux fois par an, l'une au cours du deuxième trimestre, pour l'établissement des comptes départementaux et la discussion des projets, avis, délibérations, ligne de conduite, etc., l'autre au commencement du quatrième trimestre, pour rédiger le programme général du Comités central en se basant sur les cahiers électoraux des Sections communales, Comité cantonaux et assurer les moyens de réaliser les réformes demandées.

Le Comité central établira, de même que les Comités cantonaux, des commissions d'études, des commissions électorales, de la presse, etc.

En outre de ces travaux spéciaux, le Comité central convoquera à cette assemblée les mandataires du peuple, les députés, sénateurs, afin de leur permettre de rendre compte de leur mandat et de renseigner l'assemblée sur les dispositions réelles du gouvernement à l'égard des électeurs républicains.

Ces réunions se font dans l'une des communes du département, où le Comité doit posséder un local, si faire se peut. L'époque précise de ces assemblées est fixée par la circulaire de convocation adressée aux Présidents de Sections communales et Présidents cantonaux au moins huit jours à l'avance. Cette convocation est faite par le secrétaire général autorisé par le Président. Indépendamment des assemblées semestrielles, des réunions extraordinaires peuvent avoir lieu, à l'occasion d'une conférence, de la présentation de candidats électoraux où même sur la demande motivée et urgente d'un Comité cantonal. Le Président en fixe la date et le lieu d'accord avec les demandeurs.

ART. 21. — Le Comité central sera toujours en rapport avec le *Conseil national* de la Ligue du Peuple. La *Commission exécutive* veillera à ce qu'on observe les avis, encouragements, observations du Conseil national.

Il sera remis un exemplaire de ces statuts à chaque Membre titulaire des Sections, Comités cantonaux, etc. Cet exemplaire portera le paraphe du Président et du Secrétaire.

A X, le   mil huit cent quatre-vingt–   .

CHAPITRE IV

FONCTIONNEMENT DES SECTIONS

Voilà notre Section définitivement constituée. Quelles seront maintenant ses occupations ? Comment déploiera-t-elle son activité ?

Examinons d'abord les devoirs généraux de toute personne qui a l'honneur de faire partie de la Section communale. Nous verrons ensuite quelles sont les attributions spéciales des Membres qui composent une Commission.

Les statuts qui précèdent contiennent, comme on l'a vu, une énumération sommaire des principales obligations qui incombent aux Membres d'une Section communale.

Ils n'oublieront pas que leur rôle est de diriger l'opinion, de faire véritablement l'éducation de leurs concitoyens sur les questions sociales et politiques, comme sur les questions d'intérêt matériel dont ils ont à se préoccuper. Leur premier devoir sera donc d'en faire eux-mêmes une étude approfondie.

Passons en revue les principaux sujets qui s'imposent à leur sollicitude. Partout nous les verrons opérer la propagande de leurs idées par la parole, par le bon exemple et par la diffusion des bonnes lectures.

1° *La liberté de conscience.* — Tous les Membres de la Section auront à cœur de défendre la liberté de conscience, la liberté de la pensée ?

Ils défendront la République toutes les fois qu'elle sera attaquée devant eux, par exemple à l'auberge, dans les rues, chez les perruquiers, dans les veillées du soir.

Ils consacreront tous leurs efforts à répandre et à faire lire le plus grand nombre possible de journaux ou de revues franchement républicaines.

2° *La morale.* — Ils donneront eux-mêmes l'exemple de la meilleure conduite ; ils exerceront sur les enfants et jeunes gens de leur connaissance une surveillance paternelle ; ils feront circuler dans leur entourage des bons livres, des brochures instructives, des recueils de chansons patriotiques et républicaines, etc....

3° *La politique.* — Ils feront le moins possible de politique pure. Ils auront néanmoins le devoir de dissiper les malentendus, de combattre les erreurs et les préjugés répandus par les curés. Ils soutiendront sans trêve les idées d'ordre, d'apaisement, de justice et de liberté. Là encore, ils auront un puissant moyen de propagande dans la diffusion de la bonne presse.

Ils auront à faire comprendre aux électeurs qu'ils doivent donner leurs suffrages en toute occasion à des hommes dévoués et capables, et ils useront de toute leur influence pour obtenir de bonnes élections.

4° *L'union* et la bonne harmonie entre les habitants. — Ils veilleront au maintien de la concorde et de la paix dans la commune. Ils travailleront à faire cesser les luttes de partis, les divisions de villages et les dissensions entre particuliers. En bons citoyens, ils s'efforceront d'éviter les procès dans les différends qui pourraient surgir ; ils conseilleront un sage arbitrage et, s'ils sont eux-mêmes choisis pour arbitres, ils ne se refuseront pas à remplir cette fonction.

COMMISSIONS

Le meilleur moyen, pour une Section, de faire une une utile besogne sera de répartir entre ses Membres l'application de son programme.

De là la nomination de Commissions qui se composeront généralement de deux ou trois Membres, mais quelquefois d'un seul dans les Sections peu importantes.

Il est bon de faire une distinction entre les Commissions *permanentes* et les Commissions *spéciales*. Les premières pourront être au nombre de six.

1° *La Commission de la presse et des bonnes lectures.* — Cette Commission aura à examiner les moyens de propager les bons journaux, pour arriver peu à peu à restreindre le chiffre des feuilles plus ou moins conservatrices ou cléricales. Elle nommera un correspondant à tel journal franchement républicain du département. Ce correspondant le renseignera en toute occasion, pourra recueillir les abonnements, surveillera la vente et s'emploiera au besoin à trouver quelques fonds pour compléter la rétribution du porteur.

La Commission de la presse devra se rendre compte du nombre de journaux reçus dans la commune et en opérer le classement ; elle jugera ainsi ce qu'il y aurait à faire pour combattre les mauvais et favoriser les bons.

A cette Commission se rattache le soin de surveiller les livres immoraux, de faire écarter de la bibliothèque communale les volumes dangereux et de créer une bibliothèque communale, si le besoin s'en faisait sentir.

Elle s'occupera également de la diffusion de journaux ou brochures de propagande et de publications périodiques traitant de questions industrielles ou agricoles.

2° *La Commission des Conférences*. — Les Membres du Comité ne doivent pas oublier qu'ils sont les instructeurs du peuple et que leurs concitoyens leur ont confié le soin de les renseigner sur tous les sujets qui les intéressent. Ils le feront non seulement par le contact journalier et les causeries intimes, mais aussi par l'organisation de conférences privées, où seront convoqués les lecteurs habituels de la presse démocratique et les citoyens les plus indépendants.

Cette Commission tâchera d'organiser au moins deux conférences par an. Elles seront données tantôt par un Membre du Comité, tantôt par un conférencier populaire. Il y sera traité soit de questions générales, soit d'un sujet spécial à l'ordre du jour, par exemple, de la création d'un syndicat local qu'on rattacherait à d'autres syndicats de la région ou à celui des *Agriculteurs de France.*

3° *La Commission des écoles.* — On y fera entrer les Membres du Comité qui, étant pères de famille, sont plus particulièrement intéressés à la bonne éducation des enfants.

Ils auront à se rendre compte de l'enseignement donné à leurs enfants et s'assureront si l'étude est conforme à leurs desseins. Ils feront, si cela devient nécessaire, des remontrances respectueuses à l'autorité.

Le maître d'école étant l'éducateur né de l'enfance, cette Commission aura soin de se concerter avec lui.

4° *La Commission de surveillance de la jeunesse.* — Cette Commission dressera la liste de tous les jeunes gens de la commune ne fréquentant plus les écoles et des jeunes domestiques étrangers. Elle s'opposera de toute son autorité morale à ce qui pourrait être une occasion de perversion de la jeunesse Elle veillera à l'observation rigoureuse des lois sur les auberges, sur l'ivrognerie, sur les bonnes mœurs.

Elle s'intéressera d'une manière particulière aux jeunes conscrits, aux soldats en activité de service.

Les plus jeunes Membres du Comité devraient faire partie de cette Commission Ils se feraient un devoir d'entretenir de bonnes relations avec les plus âgés de ces jeunes gens, à qui l'on pourrait même demander l'adhésion au programme et une minime souscription.

5° *La Commission électorale.* — Elle devra se procurer la liste complète des électeurs, la vérifier et, s'il en est besoin, y faire apporter les rectifications nécessaires.

Cette liste facilitera un travail important d'étude sur le corps électoral. On pourra opérer un classement approximatif des électeurs indépendants, de ceux qui ont adhéré au programme et pris part à la formation de la Section, de ceux qui seraient sympathiques à ce programme et auxquels on pourrait demander une souscription en cas de besoin.

Pour éviter toute confusion et tout oubli, on attribuera à chaque Membre de la Section un certain nombre d'électeurs, parmi ses amis ou voisins, en le chargeant de les voir et de les amener à une entente commune.

6° *La Commission d'études économiques.* — Cette Commission est assurément une des plus importantes.

C'est elle qui se préoccupera des besoins de la population et étudiera toutes les questions économiques, industrielles et agricoles.

Elle prendra l'initiative de pétitions et de réunions publiques pour faire adopter par le Conseil général ou par le gouvernement les mesures qu'elle jugera utiles.

Elle cherchera des débouchés avantageux ou s'entendra avec les syndicats pour l'écoulement des produits de la commune, tels que le vin, le bétail, le blé, les bois ou les fromages.

Elle examinera l'opportunité de créer les différentes œuvres économiques énumérées à l'art. 7 de nos *statuts* et chargera, s'il y a lieu, un membre de la Section de s'occuper tout particulièrement d'un de ces projets.

Nous arrivons ainsi aux *commissions spéciales* dont nous parlions plus haut.

On nommera, par exemple, une Commission spéciale pour fonder une caisse rurale ou bien pour organiser l'achat en commun de machines agricoles, de machines à battre, d'alambics à vapeur, etc., qui fonctionneraient avec moins de frais que les machines actuelles.

On nommera encore une *Commission arbitrale*, pour prévenir ou arranger un procès ; une *Commission de souscription*, pour recueillir des souscriptions qui seraient versées entre les mains du trésorier ; une *délégation électorale*, chargée de se rendre à une réunion organisée au chef-lieu de l'arrondissement ou du canton pour arrêter le choix d'un candidat.

Nous ne donnons ici que quelques exemples de ces commissions spéciales formées momentanément en dehors des commissions permanentes ; d'autres du même genre seront nommées par la Section quand le besoin s'en fera sentir.

RÉUNIONS DES COMITÉS

Il nous reste à dire quelques mots des réunions ordinaires, puis des réunions extraordinaires des Sections.

Les *réunions ordinaires* pourront être fixées au nombre de quatre; elles auront lieu au début de chaque trimestre, c'est-à-dire dans les premières quinzaines de janvier, d'avril, de juillet et d'octobre,

Elles seront occupées en grande partie par les rapports des commissions permanentes, qui auront à dire ce qu'elles ont fait dans le courant du trimestre et ce qu'elles se proposent de faire.

On jettera un coup d'œil rapide sur la situation de la commune et de la région. On s'occupera des différentes parties du programme qu'on n'aura pu réaliser encore et on nommera, s'il y a lieu, des *commissions spéciales*.

En outre de ces occupations normales, il en est d'autres qui seront particulières à telle ou telle session.

La *session de janvier* sera fort chargée. On y procèdera, mais tous les deux ans seulement, au renouvellement du Bureau. On formera les Commissions permanentes. On s'occupera de la revision des listes électorales. On statuera, s'il y a lieu, sur l'admission des Membres proposés pour compléter la Section.

A la *session d'avril*, on s'occupera de tout ce qui regarde le budget de la Section.

On verra si l'état de la caisse permet d'allouer

des subventions aux diverses œuvres tendant à l'extension ou à la réalisation du programme.

On examinera si une souscription serait utile pour assurer le bon fonctionnement du Comité et on désignera, dans ce cas, une Commission spéciale de souscription.

La *session de juillet* tombant à l'époque des grands travaux agricoles, il convient qu'elle soit la moins chargée. Elle sera suffisamment remplie par le travail des Commissions.

La *session d'octobre* sera réservée plus particulièrement à la question de la presse. Les grands travaux vont prendre fin, les veillées deviennent longues et l'habitant des campagnes a plus de temps pour lire et songer à ses devoirs sociaux. Le moment est donc des plus propices pour s'occuper activement de la diffusion des bons journaux et des lectures instructives et morales.

Réunions extraordinaires. — En dehors des sessions ordinaires, le président réunira la Section toutes les fois que les circonstances l'exigeront ; par exemple à l'ouverture de toute période électorale, lorsqu'il s'agira de choisir un candidat du peuple et de prendre, dans ce but, l'initiative d'assemblées populaires, où seraient convoqués les électeurs les plus indépendants du canton et des communes voisines.

Nous avons dit comment nous comprenons le fonctionnement des Sections ; nous avons précisé leurs opérations les plus essentielles ; chacune d'elles aura, d'ailleurs, toute latitude pour établir à son gré son programme d'action.

CONCLUSION

On voit ce que sont nos sections communales : des foyers de lumière et de vie, qui font circuler une sève intense dans les couches profondes des classes laborieuses ; des écoles de liberté, où les élèves choisissent les maîtres et où tous ensemble viennent s'instruire mutuellement de leurs droits et de leurs devoirs.

N'est-ce pas l'application la plus parfaite de cette fraternité, de cette solidarité sociale, qui est la raison d'être et comme le principe vital d'un peuple libre ?

Et cet apostolat mutuel pratiqué dans toutes nos communes, toujours aidé par l'apostolat de la bonne presse et celui des conférences populaires, ne complètera-t-il pas de la manière la plus heureuse l'éducation du peuple ?

Ce sera la rénovation de cette démocratie qui n'existe aujourd'hui que de nom. Ce sera le relèvement du suffrage universel, qui, ballotté au gré des événements et des influences les plus diverses, manquant de lumières et manquant plus encore de liberté, n'a donné jusqu'ici que des résultats si peu satisfaisants.

Et maintenant, à l'œuvre ! Il est grand temps d'agir.

Nous formerons, par l'union de tous les honnêtes gens, un grand parti républicain dévoué aux idées d'ordre, de travail et de progrès.

Nous accomplirons ainsi une révolution pacifique, qui sera vraiment la renaissance des temps modernes, et nous reconstituerons, sur les ruines d'une société en décadence, une France régénérée, vivifiée au souffle de la Démocratie.

Bourg, imp. du *Républicain de l'Ain*.

128